La Bahía Roja antes del 1956 | Copyright Charles Wheatley

La historia de...

LA BAHÍA ROJA

east end

La Bahía Roja 2019 | Saludos de Mangoman Photography

Por Charles Wheatley OBE, PhD. El | Tortola, Islas Vírgenes Británicas

Traducido por Vicki Samuel-Lettsome

La historia de RED BAY, East End

iUniverse books may be ordered through booksellers or by contacting:

iUniverse
1663 Liberty Drive
Bloomington, IN 47403
www.iuniverse.com
844-349-9409

ISBN: 978-1-6632-0886-6 (sc)
978-1-6632-0887-3 (e)

Library of Congress Control Number: 2020917440

Print information available on the last page.

iUniverse rev. date: 11/04/2020

CONTENIDO

Agradecimientos

Reconozco con gratitud las contribuciones de mis padres fallecidos: Alturo y Marie T. Durante-Wheatley. Compartieron las historias de sus vidas conmigo y esas historias se reflejan en esta publicación de muchas maneras. No puedo olvidar el impacto de mis abuelos paternos fallecidos, Charles y Cornelia Wheatley, ya que alimentaron mi curiosidad como un niño con las historias de sus vidas. Muchas veces tuve ganas de abandonar este proyecto, pero mi esposa, Jennie N. Smith- Wheatley, siempre estuvo allí para alentarme y apoyarme para seguir adelante. Mis tres hijos: Ludwis, Lloyd y Leon me apoyaron de varias maneras mientras desarrollaba este proyecto, y les agradezco sus contribuciones. Mis hermanos: Eva, William, Edris, Cecelia, Oraldo, Walterdin, Sonia, Walterdin, Lucita y Edgar siempre respondieron a mis llamamientos de ayuda y les agradezco. Debo mencionar a mis nietos Jenelle, Daniele, Arianna y Amarie, mis bisnietos Carter, Leah Marie y Cale Monet, mi sobrino especial Jason y mi sobrina especial Joy, por sus esfuerzos para inspirarme a mantenerme joven de corazón. Un agradecimiento especial a Reuben Vanterpool por las ilustraciones, Dean Greenaway por las imágenes que proporcionó y Junior Daniel por las imágenes y el soporte técnico en el diseño del libro.

Este libro está dedicado a

Los niños y jóvenes

en las

Islas Vírgenes Británicas

Capítulo uno

Introducción

A medida que viajo a lo largo de la Bahía Roja todos los días, lamento los cambios que han tenido lugar. La Bahía Roja ha perdido casi toda su identidad original. Los recientes trabajos de reclamación que han tenido lugar cambiaron la Bahía Roja que era conocida por la gente de East End. Al reflexionar sobre la transformación que ha tenido lugar, me doy cuenta de que mis nietos y todos sus compañeros solo verían la reclamada Bahía Roja del Siglo XXI. La Bahía Roja del Siglo XX solo existe en las mentes de aquellos cuyo viaje de la vida los puso en contacto con ella.

He tratado de capturar el espíritu de las actividades que ocurrieron en la Bahía Roja a diario,

Red Rocks en el puerto.
Fotografía cortesía de Mangoman Photography

semanalmente, mensualmente y anualmente. Atracar botes era una actividad diaria, la natación era principalmente una actividad semanal, partir en barco desde el embarcadero hacia Santa Cruz era una actividad mensual, las visitas de los marineros de los barcos de Su Majestad anclados en el Canal Drakes era una actividad anual. Actividades como la operación de una compañía de tiburones a fines de la década de 1920 fue una actividad única.

La Bahía Roja fue la cuna de la economía de East End. Estoy seguro de que algunas de las mentes curiosas se preguntaran por qué la Bahía se llama la Bahía Roja. De hecho, ¿qué tiene de rojo la Bahía Roja? Antes de que se completara la construcción de la Carretera de Blackburne, que pasa a lo largo de la Bahía Roja, en 1956, la Bahía Roja estaba cubierta de rocas rojas. Las rocas eran del tipo de las grandes rocas rojas que se encuentran actualmente en el puerto al sur de la Bahía.

Las casas adyacentes a la Bahía Roja están construidas en un afloramiento de esas rocas rojas que sobresalían en el mar antes de los días de la carretera manejable. El afloramiento sigue ahí detrás de las casas y si miras con cuidado verás esas rocas escarpadas que apuntan al cielo. La bahía obtuvo su nombre de estas rocas. Cuando se construyó la carretera de Blackburne, las piedras en la orilla fueron trituradas y se utilizaron para la construcción de la carretera. Las pocas rocas pequeñas que quedaron en la Bahía fueron enterradas en la arena de la tierra reclamada. Hoy en día no hay rocas rojas a lo largo de la Bahía, pero el nombre de la Bahía Roja permanece. Espero que las rocas rojas en el puerto no sean destruidas por el desarrollo del hombre, sino que sean un ejemplo permanente de las rocas que dan su color al nombre de la Bahía Roja.

En esta publicación, espero proporcionar un registro para que las generaciones futuras puedan comparar la vida de la Bahía Roja tal como la experimentan hoy con la vida de la Bahía Roja hace muchas décadas. Muchos de los ciudadanos mayores de East End recordarían su primera experiencia caminando en el muelle de la Bahía Roja. El muelle fue construido sobre pilotes de madera clavados en la arena y unidos por fuertes vigas de madera para formar una plataforma. Las pilas y las vigas estaban hechas de madera dura llamada corazón verde que duraría mucho tiempo. Los tablones de tablero generalmente de dos pulgadas de grosor y aproximadamente diez pulgadas de ancho se clavaron al marco de esta plataforma con un espacio de una a dos pulgadas entre cada tablón. El mar debajo de las tablas era visible a través de estos espacios. Los niños pequeños siempre tenían miedo de caminar de una tabla a otra en su primer viaje al muelle. Tenían miedo de caer por los espacios. Viajar por estas tablas por primera vez fue casi un rito de iniciación.

Espero que al leer este libro te sientas parte de la Bahía Roja. Estarás hambriento por más de la historia de las Islas Vírgenes Británicas y grabaras el viaje de tu vida para las generaciones futuras.

Capitulo Dos

La Bahía Roja Antes del 1956

La bahía debe su nombre al fin de un afloramiento de rocas metafóricas, que sobresalían en medio de la bahía. El afloramiento se extendía desde la colina al norte de la Bahía. Al sur de la bahía a través del puerto otro afloramiento de rocas de gran tamaño de color rojo puede ser visto.

Estas rocas se llaman Roca Roja, un punto marino bien establecido de referencia para los navegantes. Al suroeste de la Roca Roja

El Muelle de la Bahía Roja.
Los derechos de autor Charles Wheatley

está el Bajío Rojo, un sumergido afloramiento de rocas rojas en la que han crecido los corales. Este Bajío Rojo ha sido un peligro para los marineros antes de la llegada de las luces al puerto marino. Muchos barcos encallaron allí.

El nombre mágico "Rojo", Bahía Roja, Roca Roja, Bohío Rojo, son nombres que tienen no sólo la importancia económica y social para el pueblo de East End, Fat Hogs Bay y Long Look, pero han sido infundido en la cultura del área. La Bahía Roja ha sido un punto de referencia para dar instrucciones a los viajeros en el pueblo. Las rocas rojas de la Bahía Roja extendieron hacia el este, a lo que se conocía como "Muggy Rock." Estas rocas forman un parque de carretera donde la gente se reunía para relajarse en las tardes después del trabajo y los fines de semana. También fue un centro donde se hablaba de los acontecimientos actuales de la semana. Este fue un medio común para compartir información en una época en la cual no había radio, teléfono o televisión.

Antes de hablar de la importancia

económica y social de la Bahía Roja en la vida de la Comunidad de East End, me gustaría que se imaginen como se veía la prístina e inocente Bahía antes de que el humano interrumpiera su belleza natural y desfigurara su apariencia. Antes de la avalancha de

Embarcadero de la Bahía Roja.
Derecho de autor Charles Wheatley.

dinamita y la excavadora para tallar la carretera de Blackburne en 1956, la zona donde está la estación de gasolina y el restaurante Roca Roja en 2019, acuno el escarpado afloramiento de rocas rojas que mencione anteriormente.

Toda el área era un pequeño acantilado en el que los habitantes cavaron un camino lo suficientemente amplio como para acomodar a los peatones y montar a caballo. Fue un baile geométrico corto para atravesar estas rocas. Era un lugar donde los viajeros podían lavar sus pies en las aguas cristalinas del mar Caribe. Sólo tenías que sentarte en una piedra y acariciar ociosamente las ondas del agua con tus pies. Era calmante y medicinal para los pies cansados. Si tu camisa perdió un botón hubieses podido recoger una espina del seto de cactus cercano que crece entre las rocas y unir los extremos de la camisa. Los niños de ese tiempo se referían a esas espinas como "alfileres de oro." Las espinas eran amarillas como el oro y podían variar de tres cuarto de pulgada a una y media pulgadas de largo.

Fue una experiencia muy tranquila y romántica sentarse y observar las diminutas olas golpear contra las rocas, circular alrededor de ellos y reorganizar los bolsillos de arena blanca que rodean las rocas. Había varios charcos de agua, algunos lo suficientemente grandes como para tomar un baño. Dentro de uno de estos charcos era como un jacuzzi moderno cuando las olas entraban y salían y la corriente rodeaba las rocas. Tal baño tuvo que ser monitoreados cuidadosamente porque la anguila que acecha debajo de las rocas podría atacar los pies e infligir picaduras

Erizos de mar.
Cortesía de Dean Greenaway.

peligrosas en el nadador. Otro peligro era el huevo negro de mar (erizo de mar - crinoidea) que podría arruinar el placer de tu baño si pisas uno. Las espinas llamadas agujas penetran tu carne y tu placer se convierte inmediatamente en un dolor que podría durar varios días.

Otra actividad de adolescente que tuvo lugar en las rocas era la pesca. Muchos chicos jóvenes aprendieron el arte de la pesca con un anzuelo en el extremo de un hilo de pescar. Tuvieron que aprender el arte de fijar la carnada en el anzuelo y la habilidad de lanzar la línea, y halar la pesca a la orilla sin perderla.

En el lado oriental inmediato de las rocas estaba el embarcadero construidoporelGobierno el cual conectaba East End con otras partes de Tórtola y las otras islas de las Islas Vírgenes.

Pescando con una línea en la Roca Roja. Cortesía de Dean Greenaway.

También conectaba esta parte de Tortola con las Islas Vírgenes de Estados Unidos y otras islas del Caribe. Al este del muelle de la Bahía se convirtió en una de la costa de gravilla con un fondo marino más oscuro. En esa área los pescadores secan y reparan sus redes de pesca, repararon e hicieron sus trampas para peces, pusieron sus barcos en dique seco y los limpiaron. En el siguiente capítulo veremos la Bahía Roja como un mercado de pescado.

Capítulo Tres

La venta de pescado en la Bahía Roja

La charla alrededor del pueblo, "la jábega está fuera". Esta declaración se refiere a los pescadores que han ido a otros lugares para pescar con una larga red llamada cerco y el barco que transportaba el cerco se llamaba jábega. Este barco fue construido especialmente para acomodar la larga red. Los ojos de todos los poblanos estaban ansiosos por ver el barco llegar a casa a lo largo de Ella Reef. Este es el arrecife que une las rocas rojas en el puerto a Ella Point. Todos escuchan con atención la primera llamada de la concha. De repente, la llamada suena a través del aire y la gente en todas partes está gritando "el barco de cerco". Es decir, los hombres han pescado. El barco pasa la Piedra Roja y se dirige a la Bahía Roja. Alguien de casi todos los hogares se dirige al embarcadero en la Bahía Roja. Pronto el embarcadero se llena, el barco se atraca junto al embarcadero y comienza la venta de pescado. Si la captura es pequeña, a cada cliente se le vendía una cantidad limitada de pescado para que todos puedan obtener un poco de pescado. Esto solía suceder varias veces a la semana durante la temporada cuando los cavalli, los peces de nariz dura (hardnose), el jurel y los bonitos están cerca de la tierra. El pez es atraído a la tierra por los pequeños peces pequeños de cuales se alimentan.

Cuando la captura es abundante y hay más pescado del que se puede vender en la Bahía Roja, el barco viajaba a Fat Hog's Bay a otro embarcadero para vender pescado. Los residentes de Fat Hog's Bay, Long Look y Old Plantation iban a ese embarcadero para comprar pescado.

Si el pescado era capturado tarde a última hora de la tarde, se mantendrían en las redes cerca de la costa hasta la mañana siguiente, cuando la captura se llevaba al mercado de East End, Road Town o Cane Garden Bay. Los pescadores llamaron a este método de mantener el pescado para el mercado "kraal out". Otras veces colocaron a sus peces en un corral, un recinto con rocas cerca de la orilla donde los peces pueden nadar en el agua que fluye. Si el mercado está lleno de pescado y la venta

La venta de pescado en la Bahía Roja.
Derecho de autor Charles Wheatley.

es pequeña, los pescadores preservaban su pescado con sal. El aldeano se refería al pescado salado como pescado en conserva. Esto fue antes de los días de refrigeración. La venta de pescado en conserva era una característica común de la vida a mediados del siglo XX. Estos pescadores preparaban el pescado para ser salado cortándolo a lo largo del espinazo desde la cabeza hasta la cola. Se eliminaban todos los intestinos y la carne se cortaba en rodajas finas de aproximadamente una pulgada de ancho. La sal se le pone en las grietas entre las rebanadas para preservar el pescado. Luego se secaban y se llevaban al mercado. El pescado en conserva es similar al pescado salado que importamos de América del Norte. A veces, los pescadores pueden tener cientos de libras de pescado en conserva y pueden llevarlo a otro mercado en

Trampas para peces en el muelle de la Bahía Roja. Cortesía de Dean Greenaway.

San Tomas o Santa Cruz en las Islas Vírgenes de los Estados Unidos. Hoy el pescado se puede congelar y vender durante períodos de semanas o más.

Había otro tipo de pescador que pescaba con trampas para peces, llamadas ollas de pescado. Seleccionaron varios caladeros que llamaron bancos para colocar sus trampas. Después de recoger las capturas de sus trampas, también se dirigirían a la Bahía Roja, donde se realizaría la venta. Antes de la construcción de la Carretera de Blackburn había una serie de pequeñas bahías a lo largo de la costa donde se vendía pescado. Dos de estas bahías son Joe Rhymers Bay y James Young. Dondequiera que desembarcaba el pescado, la venta generalmente se realizaba. Hubo pocas excepciones cuando los pescadores pidieron a los clientes que vinieran a sus hogares donde se realizaría la venta.

Venta de pescado en casa.
Cortesía de Reuben Vanterpool.

Hoy la Bahía Roja sigue siendo el único puerto pesquero en East End, pero de una manera diferente. El nuevo reclamo de tierras en la Bahía acomodará una instalación moderna para los pescadores. El desarrollo facilitaría las instalaciones de atraque, así como las instalaciones para lanzar y sacar botes del mar para trabajos de limpieza y reparación. También habrá estacionamiento. Podemos referirnos a estos desarrollos como la "Nueva Bahía Roja".

Capítulo Cuatro

La Bahía Rojo: Puerto East End

El Barco Tórtola fue el más común y más importante medio de transporte marítimo a las Islas Vírgenes de Estados Unidos (San Tomas, Santa Cruz), San Juan, y otras islas del Caribe, como la República Dominicana, Trinidad, Antigua, St. Kitts, San Bartolomé (St. Barts), y San Martín. Esos barcos transportaron productos agrícolas, productos marinos y productos de las industrias artesanales a estas islas para la venta. Los productos que se exportaron incluyen verduras, frutas, pescado, carbón, sal, bolsas de paja, sombreros de paja, tejidos, y Tenerife. Los barcos saldrían del embarcadero de la Bahía Roja con esas exportaciones y volverían con las importaciones. Las importaciones incluyen materiales de construcción, alimentos y ropa. A veces los barcos también llevaban pasajeros para acompañar sus exportaciones. Cuando estos barcos regresaban a la Bahía Roja era un lugar concurrido con personas que recogían y llevaban paquetes y otras importaciones de maquinaria. Por supuesto regresaron con el dinero de la venta de sus productos. Las personas que enviaban las exportaciones con el capitán o los marineros esperaban ansiosamente para saber si sus productos se vendieron y recoger su dinero. La siguiente es una lista de los barcos que participaron en ese comercio.

Pasajeros en Red Bay.
Derechos de autor Charles Wheatley.

Propietarios	Nombres de barcos
Claremond Davies	The Una
Claremond Davies y Alvanley Frett	The Fairwind
	The Friendship
	The Beauty
	The Wasp
Claremond Davies, Caris Penn y Adolphus Penn	The Delma
Alvanley Frett y Adolphus Penn	The Liberty
Caris Penn, Oliver Penn y Melvin Penn	The Adella
Charles E. Penn	The Briton I
	The Dearie
	May Rose
	Secret
Alvanley Frett	The Linden
	The Spirit of Tortola
Edward Frett	The Syria
	The Safety
Edward Frett y Maxwell Lettsome	The Parham Town
	The Darling
Edward Frett, Clement Frett y Austin Frett	The Eden
Edward Frett and Alvanley Frett	The Dauntless
Milton Thomas	The Ruby
	The Lily
	The Ivy

Milton Thomas y Archibald Smith	The Caution
	The Tinkerbell
Fritz Penn	The Paloma Bird
	Briton II
	The Sea Queen
	Morning Star
Richard Penn	The Darling
Osmond Penn	Energy
	Social
Obel Penn	The Eastern Cross
Wilfred Penn	The Briton
	The Lady Iris
Wilfred Penn and Adolphus Penn	The Excelsis
Wilfred Penn and Richard Frett	The Concord

Red Bay Wharf.
Cortesía de Dean Greenaway.

Reynold Osmond Davies	The Review
	The Herald
	The Heron
	The Boney
	The White Squall
	The Youth Instructor
Haldane Davies	The Lady D
	The Jet
Isaac Thomas	The Alpha
Herman Thomas	The Ventura
	The Dawson
	The Effort
	The Surprise
Charles G. Wheatley	The Dinah
	The Ida
Emile Wheatley	The Breeze
	The Lily
Joseph Smith	The Lady Smith
	The Daisy
Joseph Smith, Warren Smith y Landsdell Potter	The Marilyn G
	The Weapon
Dennis Potter	Santa Lou
Milford Chalwell	Octavia C
	Octavia C II
Ebert Lettsome	The Lower Light
Oswald Frett	The Butting Ram

Muelle en la Bahía Roja
Derecho de autor Charles Wheatley.

Capítulo Cinco

La Bahía Roja: El embarcadero de pasajeros

Es sábado por la mañana y todos los ojos se vuelven hacia el haulover- el paso del agua entre la Isla de Buck y el punto Bruja Brew. No se podía ver los barcos que viajan al este y el oeste. Esta mañana, los ojos están en busca de la lancha a motor que viene de Road Town para recoger pasajeros y llevarlos a Road Town. Algunos de los barcos de motor que transportaban personas eran: Lady Kate propiedad del Gobierno y otros barcos de propiedad privada como el Saucy Lou, Cuatro Amigos, Isleño, San Jorge, El Neptuno, y la Juana de Arco. Tan pronto como el barco de motor

Pasajeros viajando por la Bahía Roja. Derechos de autor Charles Wheatley

está a la vista todos se apresuran a llegar a la Bahia Roja a tiempo para embarcarse en el barco a motor cuando está atracado junto al muelle.

Los pasajeros viajaban a Road Town para visitar amigos, vender productos y visitar al médico. A veces, una persona iba por los tres motivos y volvía por la tarde en la misma lancha a motor. En algunas ocasiones se podía viajar en una lancha a motor y retornar en otra. Estas lanchas solían dejar Road Town con prontitud a las 2 de la tarde.

La Bahía Roja era un lugar emocionante de estar cuando la lancha a motor estaba llevando a los pasajeros a Road Town, pero aún más emocionante cuando regresaba el barco. El equipaje se colocaba en el muelle y todos los pasajeros desembarcaban y recogían su equipaje. A veces piezas de equipajes se extraviaban y se la llevaban la persona equivocada y tomarían horas y tal vez un día o dos antes de que fuera devuelto a su propietario.

Los barcos a motor también hacían viajes a mitad de semana a San Tomás, Islas Vírgenes de Estados Unidos llevaba a los pasajeros por un día y volvería al día siguiente. Las personas viajaban a San Tomás para buscar empleo, así como vender productos de las industrias artesanales como sombreros y bolsas hechas de paja, tejidos y otras labores de punto. Si el barco salía el martes en la mañana regresaría el miércoles por la tarde. El retorno del barco de San Tomás traía tanto o más furor como el retorno de la lancha a motor de Road Town un sábado por la tarde. Todas aquellas personas que esperaban familiares que volvían a casa se apresuraban hacia la Bahía Roja para recogerlos. Las niñas y las mujeres estaban interesadas en quien visitaba desde Nueva York, lo que llevaban puesto, cómo se veía su cabello para determinar estilo y la moda.

Capítulo Seis

La Bahía Roja y el Festival de Cosecha de la Iglesia Metodista

Antes del advenimiento de caminos transitables en Tórtola, la gente viajaba de un pueblo a otro un domingo por la mañana para asistir en las celebraciones del Festival de la cosecha de la Iglesia Metodista en la tarde. Algunas personas viajaban a caballo mientras que otros caminaban. Las personas de otras comunidades lejanas viajaban en embarcaciones a motor. Esas mismas lanchas que los llevaron a Road Town el sábado o a San Tomas durante la semana. Estas lanchas hacían un viaje especial a la Bahía Roja en una mañana de domingo para llevar a los pasajeros a Cane Garden Bay, Carrot Bay, West End, Jost Van Dyke o el Valle, Virgen Gorda para asistir en estas celebraciones del Festival de la cosecha. Eran realmente viajes de excursión de placer en lugar de asistir a las actividades de la iglesia.

En la mayoría de los pueblos era un mini festival y las celebraciones festivas se realizaban al mismo tiempo, de las celebraciones de la iglesia. La gente establecer pequeñas casetas a lo largo del borde de la carretera como lo hacen hoy día para vender comida, bebidas, viandas y cualquier otro producto vendibles como las frutas preservadas. El uso de bebidas alcohólicas no estaban prohibidas por lo que los hombres consumían grandes cantidades y, a veces se intoxicaban.

La lancha regresó por la tarde. La escena era por lo general diferente de la escena de partida en las mañanas. Habría una gran cantidad de alegría en el barco ya que muchos de los hombres intoxicados cantaban y gritaban de alegría. Otros pasajeros se regocijaban porque tuvieron una experiencia muy agradable en la iglesia. Lo mejor de todo muchos regresaron con todo tipo de artículos que le compraron a los vendedores.

Esta fue una experiencia cultural, ya que proporcionaba a la gente a intercambiaron puntos de vista sobre diversos temas. Las mujeres intercambian recetas, hombres intercambiaron técnicas agrícolas, y todos ellos aprendieron algo más sobre la geografía del pueblo que estaban visitando y las luchas de la gente para sobrevivir. Se desarrollaron nuevas amistades desarrollan y se reanudaron viejos conocidos. Fue una de las formas simples que unió a la gente y ayudó a construir el orgullo nacional.

Red Rocks en el puerto.
Fotografía cortesía de mangoman.

Capítulo Siete

La Bahía Roja y las Embarcaciones de Su Majestad

Durante la década de 1940 y principios de 1950 las Islas Vírgenes Británicas fue uno de los lugares donde los barcos de entrenamiento de Su Majestad visitaban para que los marineros pudieran descansar de sus ejercicios de entrenamiento. Estos barcos generalmente suelen anclar en el canal Sir Francis Drake entre Beef Island y Ginger Island. Los marineros hacían muchas visitas a East End, Tortola, y Beef Island. La Bahía Roja era el lugar famoso para desembarcar en East End. Cuando los marineros estaban en el pueblo la gente del pueblo estaban muy alerta y atentas a los enfrentamientos entre los marineros y las personas del pueblo. A veces, cuando los marineros se intoxicaban entraban en conflicto con algunos de los habitantes. Estas escaramuzas eran de corta duración la mayor parte del tiempo. Un incidente notable fue un ataque a un residente Polaco en Beef Island.

A veces, cuando los marineros desembarcaban en la Bahía Roja llegaban a entretener a la comunidad. Dos formas de entretenimiento eran partido de cricket y el concierto de banda. En esos días cricket era el deporte principal en las Islas Vírgenes Británicas y había algunos excelentes jugadores de cricket en el territorio. Así que eran muy felices y dispuestos a jugar contra los marineros. Un juego así atraía a todo el pueblo y todos gritaban y animaban al equipo local. Después de que el juego terminaba todos compartían y tomaban refrigerio. La otra forma de entretenimiento eran los conciertos de banda. Los marineros traían la banda del barco a la iglesia Metodista de East End y tocaban para el público. Eran conciertos gratuitos y eran generalmente bien atendidos.

La Bahia Roja 1956.
Derecho de autor Charles Wheatley.

Capítulo Ocho

La Bahía Roja: La Playa del Pueblo

Los sábados y días festivos eran los días en que la mayoría de los niños estaban libres. Los chicos hacían trabajo domésticos limitados y pasaban la mayor parte de su tiempo libre incursionando, pescando, nadando, navegando, bateando, remar y remando por el puerto de East End. La Bahía Roja era unos de los lugares famosos donde estos chicos se reunían para nadar. Hubo aquellos que no sabían nadar, pero se metían en el mar a una profundidad con la que se sentían cómodos. Allí disfrutaban mientras luchaban por aprender a nadar. Por lo general, bebían una gran cantidad de agua de mar mientras luchaban por mantenerse a flote.

Los que podían nadar saltaban desde el final del muelle como si saltaran de un trampolín a una piscina. Realizaban todo tipo de movimientos-buceo, saltos mortales, nadar de espalda, nadar de pecho y juegos de pelota. A veces competían en equipos para mostrar sus habilidades y conocimientos de los deportes acuáticos. Durante las vacaciones escolares estas actividades se repetían diariamente y no sólo en el fin de semana.

A veces los miembros del grupo de los no nadadores recibían instrucción de natación de los miembros de los grupos de nadadores. Eran en ocasiones como éstas que los hermanos mayores enseñaban a sus hermanos pequeños a nadar y bucear. Hoy en día nadie nada en el agua de la Bahía Roja o en cualquier lugar a lo largo de la orilla de East End hasta Fat Hog's Bay. El agua está contaminada con residuos de las pinturas en los yates y otras embarcaciones, las aguas residuales de la tierra y los desechos transportados al mar por la corriente de agua de la tierra cuando cae la lluvia.

Nadar en la Bahia Roja 1956.
Derecho de autor Charles Wheatley.

Los residentes que se graduaron de estas experiencias tienen buenos recuerdos de aquellos días- felices aquellos buenos viejos tiempos.

Capítulo Nueve

La Bahía Roja y los Bigelows de Guana Island

Es sábado por la tarde y si escuchas con atención se puede oír el ruido del motor de un barco de servicio pequeño llamado el Pelican. Es el transbordador que conecta la isla de Guana y Tortola. Esta isla está situada al norte del extremo oriental de Tórtola (Ver mapa de las Islas Vírgenes Británicas en la página 29). Fue propiedad de los Bigelows y transportaban a sus trabajadores en este pequeño bote de motor. Los viajes a la Bahía Roja también fueron excursiones de compras. La tripulación de este pequeño barco compraba grandes cantidades de mercancías de los comerciantes del pueblo para llevar de vuelta a la isla de Guana. Todas estas actividades se llevaron a cabo en East End, Tortola durante los años 1940 y 1950.

Los sábados la familia Bigelow hacia el viaje a Tortola para hacer compras y especialmente para comprar carne fresca de los carniceros locales. Muy a menudo los carniceros les vendían los cortes más selectos y los clientes locales no estaban conformes con esto. Estos sentimientos no crearon ninguna mala relación entre la población negra y los Bigelows que eran caucásicos. Por el contrario la población local los abrazó porque eran muy amables. Se mezclaron con la comunidad negra con bastante facilidad y respetaban las personas de raza negra. Los Bigelows eran muy aficionado a algunos arbustos locales que se cocinaban en el mismo estilo que hoy cocinamos la espinaca. Estos arbustos eran comestibles, pero la población local alimentaba a sus cerdos con ellos. Esto de ninguna manera estaba degradando a los Bigelows. Era un patrón cultural de la comunidad, que se transmite de una generación a otra. La misma actitud se tenía de la papaya. La gente local alimentaba los cerdos con la fruta de la papaya y

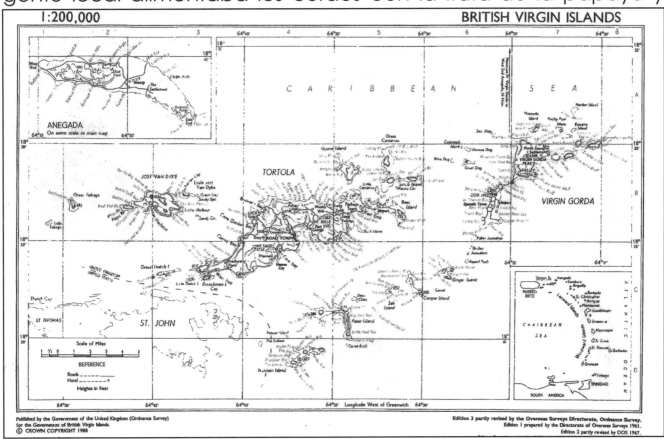

Mapa de las Islas Vírgenes Británicas, cortesía del Departamento de Estudios, Islas Vírgenes Británicas

rara vez se la comían. Hoy que el comportamiento cultural ha cambiado. La papaya es una fruta apreciada.

Muchas amas de casa esperaban la llegada del pelícano el sábado en particular. Guana Island fue famosa por la palmera conocida localmente como la escoba de árbol de neumáticos. Las hojas de esta planta cuando se cortan tiernas eran utilizadas por las mujeres para la fabricación de sombreros y bolsas. Esto era parte de una industria artesanal de paja que era común en East End. Las hojas maduras eran cortadas por los hombres y tejidas en escobas. Estas escobas eran muy fuertes y barrían el piso limpio. Cuando el Pelicano venia de Guana Island la tripulación traía paquetes de las hojas tiernas para la venta y decenas de escobas de venta. Estos productos se vendían en la Bahía Roja a las amas de casa. El Señor Walter Penn fue un empleado por largo tiempo de los Bigelows en Guana Island y fue uno de los jefes del Pelicano. Él era muy famoso por hacer estas escobas. Nadie podía hacer una escoba como él y las amas de casa siempre compraban sus escobas antes que cualquier otro fabricante de escobas.

Bahía Roja desde el cielo
Cortesía de Mangoman Photography.

Capítulo Diez

La Bahía Roja y la Compañía de tiburón

Una empresa de tiburón se inició en la Bahía Roja en 1928 por William Young de Honolulu y John Bleau de Dominica. La sede de la empresa se estableció en la tierra del Señor John Smith, en el lugar en el que el centro de salud Iris Penn-Smith está ubicado actualmente. Ellos establecieron sus hogares en la pequeña colina adyacente a la Bahía Roja. Antes de que la empresa se estableciera en la Bahía Roja una sucursal se estableció en Red Hook, San Tomas. La mayoría de las actividades se llevaron a cabo en tierra, pero algunas se llevaron a cabo en una gran barcaza que estaba anclada en la Bahía Roja. La compañía también poseía un barco llamado la Venus que transportaba suministros hacia y desde San Tomas.

La empresa proporcionó empleo para muchos de los residentes de East End especialmente los hombres que eran pescadores. Estos pescadores pescaban los tiburones. Utilizaron grandes anzuelos galvanizados con el cebo de pez o un pedazo de carne. El anzuelo se unía a una cuerda, y la cuerda se unía a una boya flotante. La trampa se coloca en el mar sin vigilancia hasta que el tiburón se tragara el anzuelo. El tiburón sería entonces halado al barco. Algunos días los hombres agarraban hasta quince tiburones, pero otros días sólo uno o dos fueron capturados. El Señor Obel Penn reporto que en un día en particular un pescador atrapó un tiburón que pesaba más de 1500 libras. Era tan pesado que la pesa no podía pesarlo. Este tiburón fue capturado al oeste de Guana Island y no podo ser transportado en el bote. Fue remolcado a la Bahía Roja.

Caldero de hierro de Shark Company-Derechos de autor Charles Wheatley.

Cuando los tiburones llegaron a Red Bay que fueron asesinados y el hígado se separó del resto del cuerpo. El hígado se hirvió en grandes calderas de hierro más grandes incendios.

(Nota: Este caldero de hierro fue dado a Mahitabel Smith cuando la Compañía tiburón dobló en 1934. Ella era la madre adoptiva de María T. Durante-Wheatley que lo heredó y lo utilizó para almacenar agua. Charles Wheatley lo heredó de su madre Marie T . Durante-Wheatley. lo usó como un elemento decorativo de jardín hasta huracanes Irma y María, 2017, destruyó el jardín. se continuará siendo utilizado para este propósito).

Este proceso extrae el aceite desde el hígado. Cuando se enfría el contenido del aceite se deslizó fuera del agua, embotellado y envasado para su envío a Red Hook, St. Thomas. Fue fabricado después de la venta.

La Compañía lleva a cabo estas actividades por un período de unos cinco años. Además del empleo de la Sociedad ha aportado a la vida social de la comunidad. El gerente de la compañía también dio asistencia a la Escuela Metodista de East End y ayudó a algunos niños con libros y lápices. También organizó periódicamente el entretenimiento del pueblo en forma de fiestas de cumpleaños y festivas. Fue un período breve en la vida de la Bahía Roja, pero uno que se recordará.

Nota: La información de este capítulo se transmite oralmente a mí por mi difunta madre, Marie T. Durante-Wheatley que vivió en los terrenos donde se erigió la sede de la empresa, a finales del Iva Varlack que trabajó con la Compañía y el fallecido Obel Penn que estaba asociado con la Compañía.

Red Bay en el siglo XXI
Courtesy of Mangoman Photography.

Capítulo Once

La Bahía Roja en el Siglo XXI

Hoy el nombre de la Bahía Roja está casi olvidado. Seis de cada diez personas cuando se les preguntó dónde está la Bahía Roja dijeron que no lo sabían. Por supuesto, el Rojo se ha ido de la Bahía Roja porque las Rocas Rojas de las cuales deriva el nombre de la Bahía han sido enterradas bajo la arena a causa de la reclamación o han sido explotadas por dinamita con fines de construcción. Sin embargo, visto desde el mar, se puede ver en el fondo de la Bahía un afloramiento de esas rocas rojas que aún se proyectan hacia el cielo en la cima de una pequeña colina. La costa a lo largo de la bahía ha dado paso a la tierra reclamada. El muelle se ha ido. Los barcos ahora atracan en el borde del rompeolas de concreto que protege la tierra reclamada. La belleza natural de los alrededores se ha desvanecido a medida que los árboles y otras características de la tierra dieron paso a la construcción de edificios. Lo que alguna vez fue un área prístina para bañarse en el mar, pescar y amamantar a pequeñas criaturas marinas ahora está enterrado debajo de una estación de combustibles fósiles, un puerto y un restaurante.

Además de los cambios físicos, uno puede identificar cambios en las actividades económicas, sociales y culturales dentro del área.

El área ya no es un área donde los pescadores comercializan sus capturas. Los medios de transporte han cambiado y los pescadores pueden llevar sus peces al mercado por transporte terrestre. Los pescadores conducen por el pueblo y vendían sus peces. Otros productos como la gasolina, el diesel y el gas propano se venden en la zona con fines domésticos y comerciales. Hay una plataforma de lanzamiento donde los barcos se pueden lanzar al mar y se pueden sacar del mar para reparaciones y mantenimiento.

Las actividades sociales se limitan a las discusiones grupales de las personas del pueblo que reflejan las discusiones grupales tradicionales que se llevaron a cabo bajo los grandes árboles de tamarindo en Joe Rhymers Bay, Parham Town y James Young y el pequeño huerto de coco en Tarris Hill. Si bien gran parte de las discusiones son para fines recreativos, a menudo tienen lugar discusiones sobre eventos actuales en el Territorio, la Región y el mundo en general. Se podría decir fácilmente que es un área de familiarización porque las personas se conocen y conocen a los visitantes de otros lugares.

El área también refleja la cultura cambiante de las Islas Vírgenes Británicas. Los edificios alrededor ya no están construidos con madera, sino con bloques, ladrillos y hormigón. El barco Tortola que alguna vez dominó el puerto ha dado paso a yates y lanchas rápidas. Este es un cambio radical. Los cambios propietarios también son significativos. Si bien la gente local era propietaria de los barcos de Tortola, los yates en su mayor parte son propiedad de no nacionales. Como habrás notado en las partes anteriores de este libro, la Bahia Roja era un lugar para actividades recreativas como la nacion, remar, patear y remar pequeñas embarcaciones alrededor del puerto. Hoy puede ver pequeñas embarcaciones conducidas por motores yendo y viniendo principalmente por razones económicas. Ese es un cambio cultural significativo durante los últimos cincuenta años.

La pregunta que debemos abordar es qué estamos haciendo para preservar lo que no hemos destruido. Si descuidamos salvar nuestro país para las futuras generaciones de las Islas Vírgenes Británicas, entonces nuestros hijos, nietos, bisnietos y más allá serían extraños en su tierra de herencia. Lo mejor que podemos hacer por ellos es registrar en forma impresa o electrónica lo que hemos experimentado y podemos recordar acerca de la vida pasada en estas islas.

He tratado de hacer esto con la Bahía Roja y espero que quien lea este libro pueda ver cómo era la Bahía Roja antes del 1956 y los cambios que tuvieron lugar entre el 1956 y 2019.